Collana **Italiano Facile**
2° livello

Italiano Facile
Collana di racconti

Volumi pubblicati:

Dov'è Yukio? (1° livello)
Radio Lina (1° livello)
Maschere a Venezia (2° livello)
Fantasmi (2° livello)
Mafia, amore & polizia (3° livello)
Modelle, pistole e mozzarelle (3° livello)
Mediterranea (4° livello
Opera! (4° livello)
Dolce vita (5° livello)

Progetto grafico, impaginazione
e note illustrate: Paolo Lippi
Copertina e illustrazioni: Alessandra Chiarlo

ISBN 88-86440-05-7

Alessandro De Giuli
Ciro Massimo Naddeo

Maschere
a
Venezia

ALMA Edizioni
Firenze

Personaggi:

Altiero Ranelli, giovane giornalista.
Il direttore, direttore de *Il Gazzettino*.
Luca Forti, giornalista di economia.
Arlecchino, giovane artista.
Pantalone, banchiere.
Colombina, figlia di Pantalone.
Brighella, ricco uomo d'affari e amico di Pantalone.

CAP I

In un pomeriggio di fine marzo Altiero Ranelli, un giovane giornalista de "*Il Gazzettino*" di Venezia, entra nell'**ufficio** del direttore.

- Ho una grande notizia. - grida contento.

Il direttore, un bell'uomo di cinquant'anni, alza la testa e guarda il ragazzo:

- Buongiorno, Altiero. Cosa succede?

- Ricorda Arlecchino e Pantalone?

- Certo, li ricordo bene. Tutta Venezia nelle ultime settimane ha parlato di loro. Ma tu, perché non stai scrivendo il tuo **articolo** sul Festival del Cinema?

- Perché ho scoperto una cosa importante.

Mentre parla, Altiero gira velocemente intorno al tavolo e va davanti al computer:

- Io non ho mai pensato ad Arlecchino e Pantalone. - dice - Scrivo di cinema; la **cronaca nera** non m'interessa. Ieri, però, ho trovato queste lettere su MONDO-NET.

- MONDO-NET... E cos'è?

- Ma come, non lo conosce? È un sistema di posta elettronica: serve per mandare messaggi via computer.

- Ah sì, è una bella cosa: in pochi secondi è possibile mandare

---

ufficio: stanza di lavoro. Es.: *nel mio ufficio ci sono tre telefoni e due computer.*

articolo: parte del giornale. Es.: *sul giornale di oggi ho letto un articolo molto interessante sulla politica italiana.*

cronaca nera: gli articoli del giornale che parlano di morti e di fatti violenti. Es.: *nelle pagine di cronaca nera ci sono sempre delle brutte notizie.*

Note

una lettera a New York o a Tokyo. Però non capisco Altiero, qualcuno ci ha scritto dal Giappone?

- Non esattamente, direttore. Non so come, ma sui nostri computer sono arrivate delle lettere private. Guardi: qui dentro c'è tutta la verità su Pantalone e Arlecchino.

Il direttore legge dal computer:

- *Lettera di Colombina ad Arlecchino.* E chi è questa Colombina?
- La figlia di Pantalone.

 Lettera di Colombina ad Arlecchino.

Venezia, 3 marzo.

Arlecchino, che brutta storia! Sto diventando pazza, non so più cosa pensare: davvero **hai ucciso** mio padre? È tutto così strano. Solo due giorni fa ti ho visto felice. Mi ricordo quando, all'inizio della festa di carnevale, hai cominciato a parlare di musica e di pittura e a leggere poesie. Sei stato bravissimo. È sempre così quando parli di arte, della tua arte: diventi un dio. Cosa è successo dopo? Ti ho visto insieme al signor Brighella: di cosa avete parlato?

Io sono andata a ballare. Non ricordo un altro carnevale con tante persone e, soprattutto, con una musica così bella. Verso mezzanotte, senza un motivo, la musica è finita e un amico mi ha

---

hai ucciso (inf. uccidere) : hai tolto la vita, hai dato la morte. Es.: *tu, Caino, hai ucciso Abele.*

Note

chiamato. Non dimenticherò mai la sua faccia e le sue parole: "Tuo padre è morto", mi ha detto. Io non ho chiesto niente: sono andata subito nell'ufficio di papà, ma non ho trovato nessuno. Per un momento ho pensato ad un brutto **scherzo**. Poi tutti hanno cominciato a ripetere le stesse parole - "Pantalone è morto, Pantalone è morto" - e la festa è diventata un **funerale**. Senza capire, ho seguito la gente. Così sono arrivata nella tua camera. Là, su una sedia, con le braccia aperte, la testa all'indietro e quel terribile **tagliacarte** nel cuore, ho trovato mio padre morto.

Vicino a lui ho visto anche te: mi hai guardato negli occhi e poi, senza dire una parola, veloce come un gatto sei andato via. Da quel momento tutta Venezia dice che tu hai ucciso Pantalone. Io so che non può essere vero: ma allora, chi è stato? E chi ha portato il corpo di papà nella tua camera?

Scrivi presto, ho bisogno di una delle tue bellissime lettere. Voglio sapere dove sei e come stai.

Ti amo,
Colombina

---

scherzo: gioco simpatico e umoristico.
funerale: la cerimonia di saluto ai morti. Es.: *la nonna di Andrea è morta e ieri io sono andato al suo funerale.*

Note

tagliacarte: coltello per aprire le lettere.

CAP II

Il direttore ha finito di leggere e ora guarda Altiero con curiosità:

- Perché mi hai chiesto di guardare questa lettera? A me le storie d'amore non interessano.

- Ma direttore, Lei sa bene che Pantalone è stato un grande banchiere e che la sua banca è molto importante a Venezia.

- È vero, Altiero. Questa Colombina però non parla certo di banche e di affari.

- Ha ragione, ma su MONDO-NET ho trovato molte altre lettere; e non tutte parlano d'amore. Guardi questa, per esempio: dice cose molto interessanti su quella morte!

- Senti Altiero, ho molto da fare. Se tu pensi di conoscere la verità sulla morte di Pantalone, scrivi un articolo. Adesso, però, vai a lavorare per piacere...

Su Venezia comincia a piovere. Il direttore de *Il Gazzettino* chiude la finestra e risponde al telefono.

- Una buona notizia: - dice quando **riattacca** - non dovrò incontrare il Presidente oggi pomeriggio. Meglio così, non mi piace uscire quando piove...

- Allora ha qualche minuto per me e può vedere quest'altra lettera!

Il direttore non risponde, guarda a lungo il suo giovane giornalista:

- D'accordo. - dice alla fine - Leggiamo ancora un po'.

---

riattacca (inf. riattaccare): attacca di nuovo. Es.: *quando finisce la telefonata, Mario riattacca il telefono.*

Note

Lettera di Arlecchino a Colombina.

Venezia, 6 marzo.

Carissima Colombina,

grazie per la tua lettera, l'ho letta con molto piacere. Qui sono sempre solo: in questi ultimi giorni ho parlato soltanto con il mio **avvocato**, per telefono. Non ti posso dire dove sono perché ho molta paura della polizia. Ho avuto paura anche di te e per questo non ti ho scritto subito. Devi capire: tutti i giornali dicono che ho ucciso tuo padre. Perché? Perché hanno trovato il suo corpo in camera mia? Ma io non ho mai avuto problemi con Pantalone. Lui mi ha sempre aiutato molto: per anni ha comprato i miei quadri e ha trovato i soldi per le **esposizioni** dei miei lavori. Mi ha anche dato una grande camera in casa vostra per vivere e lavorare e così, per due anni, ho abitato con voi. Insomma, per me tuo padre è sempre stato un grande amico.

Ho bisogno di pace per pensare. Devo trovare la forza per uscire da questa situazione, voglio capire chi ha portato Pantalone in camera mia e poi spiegare alla polizia che io non ho ucciso nessuno.

Ti devo dire un'altra cosa: sono senza una lira. È anche per questo che ti scrivo. Ricordi il mio ultimo quadro? È un tuo **ritratto** e so che ti piace molto, ma io ho bisogno di soldi e lo

---

avvocato: uomo di legge. Es.: *Perry Mason è un grande avvocato.*

esposizioni: esibizioni, mostre. Es.: *questa settimana ho visto le esposizioni di tre artisti famosi: Picasso, Raffaello e Gaugin.*

ritratto: disegno di una faccia. Es.: *la Gioconda di Leonardo da Vinci è il ritratto di una donna.*

Note

devo assolutamente vendere. Mi puoi aiutare? Brighella, il ricco uomo d'affari amico di tuo padre, è molto interessato a quel lavoro. Oggi gli scriverò per sapere se lo vuole comprare e gli dirò di parlare con te. Il quadro infatti è ancora a casa tua, nella mia camera.

Tu come stai? Mi manchi, mi mancano le tue parole e il tuo amore. Questa brutta avventura deve finire presto, ti voglio vedere e **abbracciare**.

Un bacio,
Arlecchino

 Lettera di Arlecchino a Brighella.

Venezia, 6 marzo.

Egregio signor Brighella,
La conosco da molto tempo. Anche Lei infatti è stato un grande amico di Pantalone.

Ora, come sa, la mia situazione è molto difficile: la polizia mi sta cercando e, se non voglio andare in **prigione**, devo stare lontano da tutto e da tutti.

Qualche sera prima della festa di carnevale, Lei è venuto a casa nostra per parlare d'affari con Pantalone. Poi, prima di andare

---

abbracciare: prendere tra le braccia, stringere con amore. Es.: *ho visto la mamma abbracciare il suo bambino.*

prigione: il posto dove stanno i criminali.

via, è entrato in camera mia per vedere il ritratto di Colombina: lo ricorda? Se non sbaglio, quel quadro Le è piaciuto molto.

In questo momento ho un grande bisogno di soldi e devo assolutamente vendere. Se è interessato a comprare, può parlare con Colombina. Il quadro infatti è ancora a casa di Pantalone.

Non ho molte altre cose da dire. Resto chiuso in questo posto tutto il giorno e non parlo con nessuno. Posso comunicare solo attraverso MONDO-NET.

Aspetto Sue notizie,
Arlecchino

 Lettera di Brighella a Colombina.

Venezia, 9 marzo.

Cara Colombina,
come stai? Sono stato molto amico di Pantalone: per anni la sua banca mi ha aiutato negli affari e oggi, in questo momento così difficile, sento di dover fare qualcosa per te. Ho molto lavoro, ma tu mi puoi chiamare quando vuoi, cercherò di essere un secondo padre.

Qualche giorno fa ho ricevuto una lettera da Arlecchino. Non conosco molto bene quell'uomo, ma so che quando parla di arte dice cose veramente interessanti. Anche i suoi lavori mi sembrano molto belli. Certamente è un grande artista!

Nella sua lettera, Arlecchino scrive di voler vendere il tuo ritratto. Ho visto quel quadro e mi piace molto; ma io, lo posso comprare? Posso dare dei soldi all'**assassino** del mio amico Pantalone?

Devi sapere che alla festa di carnevale, poco dopo le dieci, ho visto Arlecchino entrare nella sua camera con Pantalone; e i medici dicono che tuo padre è morto proprio tra le dieci e le undici. Non solo: più tardi ho incontrato Arlecchino nel salone della festa; gli ho chiesto di salire nella sua camera per vedere di nuovo il quadro, ma lui non ha voluto. Capisci?

Non ho mai parlato con nessuno di questo, anche perché conosco i tuoi **sentimenti** per quell'uomo; ma adesso, cosa devo fare? Devo andare alla polizia? Se vuoi, posso venire da te per parlare ancora di quella sera. Per ora ti abbraccio e a presto,

Brighella

CAP III

- Allora Altiero, cosa c'è di nuovo in queste lettere? È chiaro che Arlecchino è l'assassino di Pantalone.

- Non è così, sono sicuro che la verità è un'altra. Arlecchino non ha ucciso nessuno. Noi sappiamo che...

- Aspetta un momento, prima ho bisogno di un caffè. Quando piove ho sempre sonno. Lo vuoi anche tu?

---

assassino: persona che ha ucciso. Es.: *molte volte, in italiano diciamo killer per dire assassino.*

sentimenti: passioni, emozioni. Es.: *conosco i tuoi sentimenti: tu ami Giorgio.*

Note

- Va bene, ma mi lasci finire. Dunque... Dove sono arrivato? Ah, sì: noi sappiamo che, poco dopo le dieci, Arlecchino è entrato nella sua camera con Pantalone, poi è andato alla festa e ha incontrato Brighella.

- Questo è chiaro. - dice il direttore mentre prende il telefono per ordinare i caffè al bar - Ma perché dici che Arlecchino non è l'assassino?

- Per capire deve leggere le altre lettere.

- Sono molte?

- No, Le **prometto** che per l'ora di cena Lei sarà a casa.

- Va bene, le leggerò... Allora, questo caffè: come lo vuoi?

- **Ristretto**, grazie.

 Lettera di Colombina ad Arlecchino.

Venezia, 14 marzo.

Caro Arlecchino,

come va? Io non riesco ancora a fare niente, il **dolore** per la morte di papà e per la tua situazione è fortissimo: sto quasi sempre in casa e vedo poca gente.

Ieri è venuto Brighella. Quell'uomo non mi piace, dice di essere mio amico ma in realtà lui pensa solo a se stesso. Infatti,

---

prometto (inf. promettere): garantisco, assicuro. Es.: *va bene, prometto che da domani sarò più buono.*

ristretto: corto, con poca acqua, concentrato. Es.: *a Mario piace il caffè forte, lo beve sempre ristretto.*

dolore: male, sofferenza. Es.: *la guerra porta molto dolore.*

quando è arrivato, ha voluto subito vedere il tuo quadro: ha chiesto il prezzo e poi, in meno di mezz'ora, lo ha comprato ed è andato via; davvero un grande amico!

Mi ha detto solo una cosa, che tu hai ucciso mio padre. Mi ha raccontato che poco dopo le dieci ti ha visto entrare con papà nella tua camera; e che più tardi, quando ti ha incontrato nel salone e ti ha chiesto di salire da te per vedere il quadro, tu non hai voluto. Per questo è sicuro che tu sei l'assassino.

Invece io sono sicura che l'assassino è Brighella. Infatti, poco prima delle undici, l'ho visto andare nell'ufficio di mio padre. Se è vero, come dicono i medici, che papà è morto tra le dieci e le undici, allora lo ha ucciso lui. Per quale ragione? Non lo so, forse per soldi.

Quando starò meglio andrò alla polizia a raccontare la verità, ora però non ho la forza per fare niente.

Scrivi presto, ti amo,
Colombina

P.S. I soldi del quadro li porterò domani al tuo avvocato.

Lettera di Arlecchino a Colombina.
Venezia, 18 marzo.

Cara Colombina,
leggo che sei ancora molto triste. Devi avere **coraggio**: sono sicuro che in poche settimane scopriremo la verità sulla morte di tuo padre. Vedrai che presto tutta questa storia finirà.

Io non sto troppo male: oggi il mio avvocato mi ha portato i soldi di Brighella e così **ho risolto** una parte dei miei problemi.

Ho pensato molto alla tua ultima lettera e, per spiegare meglio le cose, ti voglio raccontare come ho passato la sera di carnevale.

Brighella ti ha detto che all'inizio della festa, poco dopo le dieci, io e tuo padre siamo andati nella mia camera. È vero, ma siamo rimasti là solo qualche minuto, poi lui è tornato nel suo ufficio e io sono sceso alla festa. Tu mi hai visto: ho ballato, ho letto poesie e ho parlato un po' con tutti, anche con Brighella. Su questo nostro incontro però Brighella non dice la verità: lui non mi ha mai chiesto di vedere di nuovo il quadro. È vero il contrario: io l'ho invitato a salire in camera mia, ma lui mi ha detto di avere un appuntamento importante e, poco prima delle undici, mi ha lasciato.

Sappiamo che è andato da tuo padre. Infatti, proprio a quell'ora, tu l'hai visto entrare nel suo ufficio e per questo sei sicura che lui è l'assassino. Ma io mi chiedo: se l'ha ucciso, perché lo ha fatto?

---

coraggio: il contrario della paura, forza. Es.: *James Bond ha molto coraggio: è solo contro tutti i criminali del mondo.*
ho risolto (inf. risolvere): ho trovato la soluzione.

Note

Per i soldi, tu dici. Certo, Brighella è un uomo d'affari e forse ha capito di non poter pagare i suoi **debiti** con la banca di tuo padre. Pantalone però lo ha sempre aiutato, perciò la tua idea mi sembra poco probabile. E poi, se Brighella ha ucciso tuo padre nell'ufficio, perché hanno trovato il suo corpo in camera mia?

Voglio pensare ancora a tutto questo, certamente qui il tempo non mi manca.

Un abbraccio,
Arlecchino

Lettera di Arlecchino a Brighella.

Venezia, 18 marzo.

Egregio signor Brighella,

oggi mi sono arrivati i soldi del quadro. La ringrazio molto, ora la mia vita sarà un po' più facile.

Qui sono molto solo e ho bisogno di parlare con qualcuno. Per questo Le chiedo un po' del Suo tempo.

Da quando Pantalone è morto, ho un solo pensiero: l'ha ucciso sua figlia. Le spiego perché. Come Lei sa, per uccidere Pantalone l'assassino ha usato un tagliacarte. Bene, quel tagliacarte, una bellissima opera veneziana del XVII secolo, l'ho comprato io qualche settimana prima della festa di carnevale.

---

debiti: i soldi dovuti a qualcun altro. Es.: *Mario deve lavorare 12 ore al giorno per pagare i suoi debiti con la banca.*

Mi ricordo che quando Colombina l'ha visto, l'ha preso in mano e ha cominciato a scherzare sulla possibilità di uccidere.

Qualche giorno dopo io e la ragazza abbiamo parlato di Pantalone. Colombina mi ha detto di avere un padre violento ed egoista. Poi ha iniziato a piangere e ha gridato di volere la sua morte. Mi ha anche chiesto un aiuto per uccidere Pantalone. Io naturalmente non ho creduto a quelle parole e ho cercato di cambiare discorso. Ma adesso, dopo la morte del nostro amico, cosa devo pensare? Se trova un po' di tempo, perché non mi scrive la Sua opinione su tutta questa situazione?

Cordialmente,
Arlecchino

CAP IV

- Questi tre sono proprio dei veri amici, - dice il direttore con voce **ironica** - tutti **accusano** tutti e alla fine non c'è niente di chiaro.

- Non sono d'accordo. - risponde Altiero - Dopo poche lettere, sappiamo già che ci sono tre possibili assassini: è importante! Non solo: sappiamo anche che Arlecchino, contrariamente a Colombina e a Brighella, non ha mai avuto problemi con Pantalone.

- Veramente questo lo dice solo Arlecchino; e poi tutti hanno

---

ironica: poco seria, umoristica. Es.: *perché mi guardi con quella faccia ironica? Cerca di essere più serio.*

accusano (inf. accusare): incolpano, dicono che sono responsabili di un'azione cattiva. Es.: *i poliziotti li accusano ma loro non hanno fatto niente di male.*

Note

visto il morto nella sua camera...

- Ma questo non basta per dire che Arlecchino è un assassino!

- Certo, ma anche le parole di Colombina, una ragazza sola e innamorata, non bastano per accusare Brighella.

La sera scende su Venezia. La pioggia continua a cadere sui **canali** della città. Sono le sei e mezza.

Qualcuno **bussa** alla porta: è Luca Forti, giornalista della pagina economica e vecchio amico del direttore.

- Ciao, Luca. Puoi aspettare cinque minuti? Finisco di parlare con Altiero e **sono da te**. Ti puoi sedere su quella sedia.

- Grazie. - risponde Luca Forti dall'alto dei suoi centonovantasette centimetri - C'è qualche problema? Sono più di due ore che parli con Altiero...

- Nessun problema. - dice il ragazzo - Però ho scoperto una cosa molto importante sulla morte di Pantalone.

- Pantalone...? La cosa m'interessa molto: è stato un grande banchiere...

- Allora vieni vicino al computer e leggi queste lettere con noi.

---

canali: strade d'acqua, piccoli fiumi. Es.: *Venezia è una città sull'acqua, le sue strade sono i canali.*

bussa (inf. bussare): batte sulla porta per chiedere di entrare. Es.: *prima di entrare, Mario bussa alla porta di Clara.*

sono da te: arrivo da te, vengo da te. Es.: *arrivo subito: fra cinque minuti sono da te.*

Note

Lettera di Colombina ad Arlecchino.

Venezia, 21 marzo.

Ma allora sei pazzo! Come hai potuto scrivere quelle cose a Brighella? L'ho visto ieri mattina in piazza San Marco; abbiamo bevuto un aperitivo insieme e lui mi ha detto cosa pensi di me.

Bastardo! Come hai potuto parlare a Brighella dei miei problemi con papà? E soprattutto, come hai potuto dire che l'ho ucciso io?

Tutti ti credono un assassino perché hai una storia d'amore con me e, con l'**omicidio** di Pantalone, hai cercato di diventare "il marito di una ricca signora piena di soldi". In tutta Venezia solo io ti voglio aiutare e tu... Cosa fai? Scrivi a Brighella per dire che io ho ucciso mio padre!

> Grazie Arlecchino e a mai più.
> Colombina

Lettera di Arlecchino a Brighella.

Venezia, 22 marzo.

Caro Brighella,

non La capisco: perché ha raccontato tutto a Colombina? Forse non sa che la ragazza dice che Lei è l'assassino di Pantalone: L'ha vista entrare nell'ufficio del banchiere poco prima delle undici

---

omicidio: uccidere un uomo.

Note

e, secondo i medici, Pantalone è morto proprio tra le dieci e le undici. Un'altra cosa: Pantalone Le **ha** sicuramente **prestato** molti soldi e, normalmente, i debiti sono una buona ragione per uccidere. Insomma, Le voglio dire di stare attento: per ora tutti mi credono l'assassino ma, se Colombina comincia a parlare con la polizia, per Lei possono nascere molti problemi.

Cordialmente,
Arlecchino

 Lettera di Brighella a Colombina.

Venezia, 23 marzo.

Cara Colombina,
ma cosa **ti salta in mente**? Capisco che, per te, deve essere terribile pensare ad Arlecchino come all'uomo che ha ucciso tuo padre, ma non c'è altra spiegazione. È vero: la sera di carnevale, verso le undici, sono andato nell'ufficio di Pantalone, però non ho trovato nessuno. Un'ora dopo ho visto tuo padre morto nella camera di Arlecchino. È la verità. So che non hai mai detto alla polizia che tu mi credi l'assassino. Bene, continua così. Non voglio problemi. Se vuoi, ci possiamo incontrare di nuovo per cercare di capire cosa è successo quella notte.

Un abbraccio,
Brighella

---

ha prestato (inf. prestare): ha dato (momentaneamente). Es.: *la banca mi ha prestato 100.000.000 di lire e così ho potuto comprare una casa nuova.*
ti salta in mente: "saltare in mente" = pensare.

Note

CAP V

Luca Forti, in piedi dietro alle sedie di Altiero e del direttore, **interrompe** la lettura:

- Aspettate: Brighella sta parlando della festa di carnevale a casa di Pantalone?

- Bravo Luca! Vedo che sei una persona intelligente. - dice il direttore.

- Le lettere parlano proprio di quella festa. - interviene Altiero - Sto cercando di spiegare al direttore che Arlecchino non è l'assassino di Pantalone.

- Sapete che io sono stato a quella festa? - chiede Luca Forti.

- Veramente?

- Certo, ho anche incontrato il signor Brighella. Lo conosco bene: è uno dei più importanti uomini d'affari di Venezia.

- Hai parlato con lui quella sera? - domanda Altiero.

- No, l'ho solo salutato. Quando l'ho visto mi è sembrato un po' **ubriaco**... Poi hanno trovato Pantalone morto e tutto è finito. Fino a quel momento ricordo una bellissima festa: bella musica, belle maschere...

- E poi?

- E poi ricordo che Arlecchino è stato simpaticissimo. Per tutta la sera ha letto poesie, parlato di arte e cantato.

---

interrompe (inf. interrompere): ferma, non lascia continuare. Es.: *Andrea non è simpatico: interrompe sempre chi parla*.

ubriaco: persona che ha bevuto troppo alcool. Es.: *sei ubriaco perché hai bevuto tre whisky*.

- Allora hai conosciuto Arlecchino, l'assassino? - domanda il direttore.

- Non è l'assassino. - ripete ancora una volta Altiero - Continuiamo a leggere.

 Lettera di Brighella a Colombina.

Venezia, 27 marzo.

Cara Colombina,

da qualche giorno sono nervosissimo e non riesco a dormire, le tue idee non mi danno **pace**. È vero che ho molti debiti con la banca di Pantalone ed è vero che in questo momento i miei affari non vanno bene. Certo, qualcuno può anche dire che ho ucciso per i soldi, ma io non l'ho fatto: è stato Arlecchino! Tu lo sai benissimo. Come puoi continuare a difendere quell'uomo? Non hai ancora capito che lui ti accusa di essere l'assassina di tuo padre?

Ieri ho pensato di nuovo a tutta questa storia e ho ricordato una cosa importante. Qualche settimana prima di carnevale, quando Arlecchino mi ha invitato in camera sua a vedere il tuo ritratto, mi **ha** anche **mostrato** quel bellissimo tagliacarte del XVII secolo. L'abbiamo guardato con interesse, poi Arlecchino l'ha

---

pace: quiete, calma, il contrario di guerra. Es.: *ho avuto molti problemi, adesso ho bisogno di pace.*

ha mostrato (inf. mostrare): ha esibito, ha lasciato vedere. Es.: *Mario mi ha mostrato la sua nuova casa.*

Note

messo in un **cassetto** e l'ha chiuso a chiave. Questo vuol dire che solo lui l'ha potuto usare per uccidere.

Sei d'accordo? Prima di andare a dire alla polizia che io sono un assassino, pensa a tutto questo.

Un abbraccio,
Brighella

 Lettera di Colombina a Brighella.

Venezia, 28 marzo.

Caro Brighella,
rispondo alla Sua lettera con poche parole.

È certamente vero che, qualche settimana fa, Lei ha potuto vedere il tagliacarte in camera di Arlecchino. L'ho visto anch'io e mi è piaciuto molto. Deve sapere però che Arlecchino lo ha regalato a mio padre pochi giorni prima di carnevale.

Da quel momento il tagliacarte è rimasto sopra il suo tavolo, in ufficio. Dunque l'assassino lo ha potuto prendere senza problemi e non ha certo avuto bisogno di chiavi.

Un'ultima cosa: se Lei è sicuro che Arlecchino ha ucciso mio padre, perché ha tanta paura della polizia?

Cordialmente,
Colombina

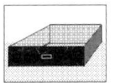

cassetto

CAP VI

- Io ho capito: l'assassino è sicuramente Brighella!

- Ma cosa dici, Luca? - chiede il direttore - Sei arrivato da mezz'ora e credi già di sapere tutto?

Luca Forti cerca di spiegare:

- Certo: Brighella ha troppa paura. Questo vuol dire che l'assassino è lui.

- Ma no, - interviene Altiero - Arlecchino ha ragione: Brighella è sempre stato amico di Pantalone e ha sempre avuto debiti con lui. Per quale motivo lo ha ucciso proprio adesso?

- È chiaro: per il quadro! Secondo me - continua Luca Forti con voce emozionata - è successo questo: poco prima delle undici, Brighella ha incontrato Pantalone, i due sono usciti dall'ufficio e sono andati in camera di Arlecchino a vedere il ritratto di Colombina. Se ho capito bene, Arlecchino è un grande artista, quindi il quadro deve avere un grande valore. Noi sappiamo che a Brighella quel quadro è piaciuto molto, però sappiamo anche che Arlecchino ha sempre venduto i suoi lavori a Pantalone.

- E allora? - domanda Altiero.

- E allora, secondo me, i due hanno cominciato a discutere e a **litigare** per il quadro, per fare un buon affare...

Luca Forti resta un momento a pensare, poi continua:

- ...durante la festa Brighella ha certamente bevuto molto. Vi ho detto che quando l'ho visto mi è sembrato ubriaco?

---

litigare: discutere con violenza. Es.: *ieri ho visto Mario e Andrea litigare e gridare come dei pazzi.*

- Sì. - dice Altiero - Quindi, secondo te, durante la discussione sul quadro, Brighella ubriaco **ha perso la testa** e ha ucciso Pantalone?

- Esatto - risponde Luca Forti.

- È una buona ipotesi, - dice Altiero - ma questo vuol dire che, prima di uccidere, Brighella è dovuto tornare nell'ufficio di Pantalone a prendere il tagliacarte.

- O forse, - continua Luca Forti - il tagliacarte non è mai stato in quell'ufficio e Colombina non dice la verità.

- Bravo Luca, finalmente hai capito. - dice il direttore - Colombina non dice la verità, infatti è lei l'assassina. Alle undici ha incontrato papà ed è andata con lui a vedere l'ultimo quadro del suo amore. Il padre, egoista come sempre, con parole poco gentili ha detto di non essere interessato a quel ritratto. Allora Colombina ha cominciato a piangere e a gridare, poi con le chiavi ha aperto il cassetto di Arlecchino, ha preso il tagliacarte e zac!... Lo ha ucciso. Ed io farò la stessa cosa con te Altiero, se continui a leggere le lettere private di questi tre!

Il direttore prende il cappello, la giacca e l'ombrello. Poi saluta:

- Buonasera, signori. Io vado a cena, arrivederci a domani.

Altiero Ranelli e Luca Forti lo guardano senza dire niente: conoscono il loro direttore e sanno che, in certi momenti, può essere molto strano.

Poco dopo cominciano di nuovo a leggere.

---

ha perso la testa: ha perso il controllo, è impazzito. Es.: *da quando sua moglie lo ha lasciato, Andrea ha perso la testa.*

Note

Lettera di Colombina ad Arlecchino e a Brighella.

Venezia, 30 marzo.

Carissimi,
vi scrivo con il cuore pieno di emozione. Ieri sera sono entrata nell'ufficio di papà e, per la prima volta nella mia vita, ho guardato le sue carte. Ho visto una busta gialla, l'ho aperta e ho trovato questa lettera.

Cara Colombina, cari amici,
sono vecchio ormai. La situazione è troppo difficile per me e sento di non avere più le forze di un tempo. Qualche anno fa, la mia piccola banca ha prestato molti **miliardi** *al Giardini. Lo conoscete tutti molto bene e sapete che Giardini, in poco tempo, è diventato uno dei più grandi capitalisti italiani. Sapete anche che, un mese fa, pieno di debiti, Giardini* **è fallito**. *Così io ho perso molti soldi. Per risolvere la situazione, ho pensato di chiedere aiuto alle grandi banche di Milano e Roma. Questa mattina però, ho saputo che nessuno mi darà una lira: anch'io devo fallire.*
Sono vecchio. La mia piccola banca è stata la mia vita e ho deciso di morire con lei.

Vi chiedo scusa,
Pantalone

---

miliardi: un miliardo = 1.000.000.000.
è fallito (inf. fallire): è rimasto senza soldi, ha avuto un crack finanziario, ha fatto bancarotta.

Note

Lettera di Brighella a Colombina e ad Arlecchino.
Venezia, 31 marzo.

Carissimi,
la lettera di Pantalone mi **ha impressionato** molto. A questo punto vi devo dare delle spiegazioni.

Il pomeriggio di carnevale, Pantalone mi ha telefonato per parlare di Giardini e dei problemi con le grandi banche. Durante la telefonata mi ha anche chiesto di pagare subito tutti i miei debiti. Adesso capisco il perché: Pantalone ha cercato fino all'ultimo momento di **salvare** la sua banca.

Comunque, alla fine della telefonata mi ha dato un appuntamento per la sera. Alle undici, quando sono arrivato davanti al suo ufficio, ho bussato ma nessuno ha risposto. Ho aperto, sono entrato e ho trovato Pantalone: morto!

Non ho capito più niente. Ho avuto paura della polizia e soprattutto dei miei debiti. Così ho preso Pantalone e l'ho portato in camera di Arlecchino. Poi sono tornato alla festa. Aiutatemi, ho paura della polizia!

Brighella

---

ha impressionato (inf. impressionare): ha dato una grande emozione. Es.: *la morte del mio amico Antonio mi ha impressionato molto.*
salvare: aiutare, togliere dal pericolo. Es.: *Mario è un bravo medico, è riuscito a salvare la vita di molte persone.*

Note

Epilogo

Luca Forti e Altiero Ranelli sono senza parole.

- Ma tu, - comincia Luca - hai già letto queste ultime lettere o è la prima volta?

- È la prima volta. Guarda la data: Colombina e Brighella hanno scritto oggi, sicuramente nel pomeriggio, perché alle quattro io non ho visto niente.

I due restano di nuovo in silenzio. Poi Luca guarda l'orologio:

- Sono le otto e venti, abbiamo il tempo per cambiare la prima pagina del giornale. Questo è uno scoop nazionale: la morte di Pantalone **è legata** al fallimento Giardini.

- Certo, e per Venezia è una notizia importante: da un mese tutta la città parla di Arlecchino e Pantalone. Avanti! Telefoniamo al direttore, deve venire subito qui.

Il giorno dopo *Il Gazzettino* esce con questa prima pagina...

è legata (inf. legare): è unita con, è collegata. Es.: *la vita del bambino è legata alla madre.*

Note

Il Gazzettino

Direttore Massimo A. De Naggiuli

S fnfj349fhij f8934 fh9834 fhfhf 38934y fj f894u rfjh3u34h f8j438934ede della terdfagf d dg gasd hj3476 shfjsd hf8938934 hgsdhg893 fhfg fg sgfhs sj shdghs78346 sg3478 fbd83 f 34784378 hjsjhfshfjsdh389 siudh34897 fsuyfu3489 fushfui389 sduidsy3489fhdfu4389hef sfih3489yerth er8934y 3784e rfhr9843 fh 348 f89 fnfj349fhjj f8934 fh9834 fhfhf 38934y fj

Anno 20 · Numero 40 · L.1800

Max Hueber Verlag

Alma Edizioni

Lunedì 1 aprile

Arlecchino è innocente

Le grandi banche hanno ucciso Pantalone

Solo ieri la figlia Colombina ha trovato la lettera d'addio. È stato un suicidio. Tutto è nato dal fallimento Giardini.

Uomini e soldi

Il direttore

Viviamo in tempi difficili. Il progresso economico e civile della nostra società non è in discussione. Siamo ricchi, le nostre case sono belle ed eleganti, i nostri figli hanno la possibilità di studiare, di fare sport e di vivere felici. Grazie alla democrazia possiamo scegliere liberamente i nostri governi. I mass-media ci portano ogni giorno notizie su mondi e uomini lontani. La scienza e la tecnica crescono con grande velocità eppure... Eppure davanti alla morte, la morte di un uomo ricco e importante come Pantalone, siamo senza risposte.

Pantalone è morto solo. Dopo una vita di lavoro per la sua banca, davanti ad una difficoltà, quest'uomo non ha avuto la forza per continuare. Nessuno dei suoi amici - i grandi banchieri, i politici importanti, i ricchi industriali - lo ha potuto o voluto aiutare. Parliamo dell'uomo e non del banchiere. Le banche nascono e muoiono, e nessuno per questo piange o ride. Davanti al fallimento di un uomo invece... [continua a pag. 2]

È morto a carnevale

La verità viene da un computer

Altiero Ranelli

Pantalone è morto un mese fa, durante la notte di carnevale. Fino ad oggi la polizia ha sempre pensato ad un omicidio e ad un colpevole: Arlecchino. Oggi, finalmente, *Il Gazzettino* può presentare ai lettori la verità su quella notte e su quella morte: è stato un suicidio. Pantalone ha deciso di morire per i debiti della sua banca. Il banchiere ha spiegato tutto con una lettera alla figlia Colombina e agli amici. [continua pag. 2]

Lettere d'amore

Laura Bogi

Da che mondo è mondo, gli innamorati hanno comunicato con dolci lettere d'amore. Certamente i cuori dei nostri nonni e delle nostre nonne hanno palpitato davanti a messaggi arrivati per posta o portati da qualche amico. Oggi, nel mondo della tecnologia, altri cuori palpitano e piangono davanti a freddi computer. I sistemi informatici portano, in pochi secondi, i messaggi dell'amore lontano. Le lettere di MONDO-NET ci dicono che, anche se tutto cambia alla velocità della luce, alcune cose non sono cambiate e mai cambieranno: l'amore, le passioni, i sentimenti... [continua a pag. 8]

L'ultima banca di Venezia

Luca Forti

La Goldon è sicuramente l'ultima banca tutta veneziana. È nata più di duecento anni fa ed è sempre stata un'istituzione molto importante per la nostra città. Anche negli ultimi tempi, sotto la direzione di Pantalone, questa piccola banca ha usato il suo capitale per aiutare l'economia della città. [continua a pag. 16]

Arlecchino è innocente
Le grandi banche hanno ucciso Pantalone
*Solo ieri la figlia Colombina ha trovato la lettera d'**addio**. È stato un **suicidio**. Tutto è nato dal fallimento Giardini.*

Uomini e soldi
Il direttore

Viviamo in tempi difficili. Il progresso economico e civile della nostra società non è in discussione. Siamo ricchi, le nostre case sono belle ed eleganti, i nostri figli hanno la possibilità di studiare, di fare sport e di vivere felici. Grazie alla democrazia possiamo scegliere liberamente i nostri governi. I mass-media ci portano ogni giorno notizie su mondi e uomini lontani. La scienza e la tecnica crescono con grande velocità **eppure**... Eppure davanti alla morte, la morte di un uomo ricco e importante come Pantalone, siamo senza risposte.

Pantalone è morto solo. Dopo una vita di lavoro per la sua banca, davanti ad una difficoltà, quest'uomo non ha avuto la forza per continuare. Nessuno dei suoi amici - i grandi banchieri, i politici importanti, i ricchi industriali - lo ha potuto o voluto aiutare. Parliamo dell'uomo e non del banchiere. Le banche nascono e muoiono, e nessuno per questo piange o ride. Davanti al fallimento di un uomo invece… [continua a pag. 2]

---

addio: saluto. Es.: *addio, io parto per sempre.*
suicidio: uccidere se stessi.
eppure: ma, però. Es.: *sono stanco eppure non riesco a dormire.*

Note

È morto a carnevale. La verità viene da un computer
Altiero Ranelli

Pantalone è morto un mese fa, durante la notte di carnevale. Fino ad oggi la polizia ha sempre pensato ad un omicidio e ad un **colpevole**: Arlecchino. Oggi, finalmente, *Il Gazzettino* può presentare ai lettori la verità su quella notte e su quella morte: è stato un suicidio. Pantalone ha deciso di morire per i debiti della sua banca. Il banchiere ha spiegato tutto con una lettera alla figlia Colombina e agli amici. [continua a pag. 2]

L'ultima banca di Venezia
Luca Forti

La Goldon è sicuramente l'ultima banca tutta veneziana. È nata più di duecento anni fa ed è sempre stata un'istituzione molto importante per la nostra città. Anche negli ultimi tempi, questa piccola banca ha usato il suo capitale per aiutare l'economia della città. [continua a pag. 16]

Lettere d'amore
Laura Bogi

Da che mondo è mondo, gli innamorati hanno comunicato con dolci lettere d'amore. Certamente i cuori dei nostri nonni e delle nostre nonne **hanno palpitato** davanti a messaggi arrivati per

---

colpevole: responsabile di una cattiva azione. Es.: *la polizia ha preso il colpevole.*

da che mondo è mondo: da sempre.

hanno palpitato (inf. palpitare): il loro cuore ha battuto forte, ha avuto una grande emozione.

Note

posta o portati da qualche amico. Oggi, nel mondo della tecnologia, altri cuori palpitano e piangono davanti a freddi computer. I sistemi informatici portano, in pochi secondi, i messaggi dell'amore lontano. Le lettere di MONDO-NET ci dicono che, anche se tutto cambia alla velocità della luce, alcune cose non sono cambiate e mai cambieranno: l'amore, le passioni, i sentimenti… [continua a pag. 8]

FINE

Arlecchino

Colombina

Scheda

Le maschere

Da dove vengono i nomi dei personaggi della nostra storia? Arlecchino, Brighella, Pantalone e Colombina sono tipiche maschere italiane, personaggi del teatro popolare del '600 e '700. Nel XVI secolo, quando nascono nel teatro di strada, le maschere non hanno un **carattere** ben preciso: gli attori **recitano** le storie, sempre uguali ma divertenti, di amori impossibili, di padri cattivi e di **servi** a volte stupidi a volte molto **furbi**. È la Commedia dell'arte.

A partire dalla metà del '700, scrittori come Goldoni cominciano a scrivere, in dialetto veneziano, opere teatrali più interessanti. Il carattere dei personaggi diventa più completo. Arlecchino è il servo povero, non ha mai nulla da mangiare ma è in realtà molto furbo. Anche Brighella è un servo. Pantalone invece è il vecchio

---

carattere: personalità, caratteristica. Es.: *Mario ha un bel carattere: ride e gioca con tutti.*

recitano (inf. recitare): raccontano, parlano di. Es.: *i bravi attori recitano bene.*

servi: anticamente, i lavoratori di casa. Es.: *Nel passato i ricchi signori hanno sempre avuto molti servi.*

furbi: intelligenti nella vita pratica. Es.: Ci sono due tipi di persone: i furbi e gli stupidi.

ricco e cattivo e Colombina, di solito, lavora in casa sua. Queste quattro maschere sono tipiche di Venezia o delle città vicine. In altre regioni d'Italia, il teatro popolare ha maschere diverse. Tipico personaggio della Commedia dell'arte di Napoli è Pulcinella, di Torino è Gianduia, di Milano è Meneghino. Insieme a loro, nei secoli scorsi, sono nati moltissimi altri personaggi meno famosi e ora quasi dimenticati.

Oggi le maschere continuano a vivere soprattutto nei giorni di carnevale, quando i bambini, ma non solo, vestono con i loro **costumi**. Al nord, Arlecchino è la maschera più amata: il suo vestito è fatto con tanti piccoli pezzi colorati ed è diventato il simbolo della festa e della allegria. Al sud invece, il vestito bianco di Pulcinella è certamente il più popolare.

Carnevale a Venezia

costumi: vestiti.

Pantalone

Pulcinella

Brighella

Scheda

I giornali italiani

Il Gazzettino è un esempio di giornale della provincia italiana. Come a Venezia, in ogni città c'è un giornale che parla soprattutto di piccoli fatti e che dà informazioni utili per la vita di tutti i giorni: notizie sulle attività **locali,** riunioni, feste e spettacoli.

Naturalmente questi giornali non possono informare molto sulla vita nazionale e internazionale. A questo pensano i grandi **quotidiani**. Qui scrivono i giornalisti più famosi e gli intellettuali più importanti. Ricordiamo i tre titoli più venduti in Italia: *La Repubblica* di Roma, *Il Corriere della Sera* di Milano e *La Stampa* di Torino.

Il problema più grande della **stampa** italiana è il piccolo numero di lettori. Molta gente preferisce l'informazione della televisione e non compra i quotidiani. Così molti giornali, a

---

locali: del posto, del luogo. Es.: *vado in vacanza in Francia perché i vini e i formaggi locali sono molto buoni.*

quotidiani: giornali. Es.: *Il Gazzettino e il Corriere della Sera sono quotidiani, mentre l'Espresso esce una volta alla settimana.*

stampa: i giornali e i libri sono la stampa. Es.: a causa della *televisione la stampa è in crisi.*

causa dei problemi economici, hanno dovuto vendere e i grandi industriali hanno comprato i titoli più importanti. Ad esempio: il *Corriere della Sera* e la *Stampa* sono della FIAT mentre *La Repubblica* è dell'OLIVETTI.

VERO O FALSO

CAP I

1) Altiero Ranelli è il direttore de *Il Gazzettino* di Venezia
2) Altiero Ranelli ha trovato delle lettere su MONDO-NET
3) Colombina è la sorella di Pantalone
4) La sera di carnevale, Colombina e Arlecchino sono andati alla festa
5) Brighella è morto la sera di carnevale
6) L'assassino ha ucciso con un tagliacarte

CAP II

1) Pantalone è stato un grande banchiere milanese
2) A Venezia c'è il sole
3) Arlecchino è in un posto segreto
4) Arlecchino vuole vendere a Brighella il ritratto di Colombina
5) Pantalone è morto a mezzanotte
6) Brighella, verso le dieci, ha visto Arlecchino andare nell'ufficio di Pantalone

CAP III

1) Secondo Altiero, Arlecchino ha ucciso Pantalone
2) Il direttore ordina i caffè per telefono
3) Colombina ha visto Brighella andare da Pantalone poco prima delle undici
4) Secondo Arlecchino, Brighella ha sicuramente ucciso Pantalone per i debiti
5) Arlecchino accusa Colombina
6) Pantalone è sempre stato molto gentile con Colombina

Note

CAP IV

1) Luca Forti lavora alla polizia

2) A Luca Forti interessa molto la storia di Pantalone

3) Colombina è molto soddisfatta di Arlecchino

4) Arlecchino è sicuro che Brighella ha molti debiti

5) Brighella dice che Colombina è un'assassina

CAP V

1) Il direttore è stato alla festa di carnevale

2) A Luca Forti, Brighella è sembrato ubriaco

3) Arlecchino ha chiuso il tagliacarte in un cassetto

4) Poco prima della festa di carnevale, Arlecchino ha regalato il tagliacarte a Pantalone

CAP VI

1) Secondo Luca Forti, Brighella e Pantalone hanno litigato per il quadro di Arlecchino

2) Il direttore dice che Colombina ha ucciso Pantalone

3) Giardini ha prestato molti miliardi a Pantalone

4) Brighella ha ucciso Pantalone e poi lo ha portato nella camera di Arlecchino

EPILOGO

1) Il direttore scrive che la nostra è una società povera

2) Pantalone si è suicidato

3) La banca di Pantalone è nata da pochi anni

4) Da che mondo è mondo i cuori palpitano per i biglietti d'amore

Note

ESERCIZI

Metti al passato prossimo

Colombina racconta:
La sera di carnevale (ballare) _____ fino a mezzanotte. Poi, senza un motivo, la musica (finire) _____ e un amico mi (chiamare) _____. "Tuo padre (morire) _____", mi (dire) _____. Io (andare) _____ subito nell'ufficio di papà, ma non (trovare) _____ nessuno. Per un momento (pensare) _____ ad un brutto scherzo. Poi tutti (cominciare) _____ a ripetere le stesse parole e la festa (diventare) _____ un funerale. Senza capire, (seguire) _____ la gente. Così (arrivare) _____ nella camera di Arlecchino. Là, su una sedia, (vedere) _____ mio padre morto.

Arlecchino racconta:
La sera di carnevale io e Pantalone (entrare) _____ nella mia camera verso le dieci. (Parlare) _____ del quadro, poi lui (tornare) _____ nel suo ufficio ed io (scendere) _____ alla festa. (Bere) _____, (leggere) _____ poesie e (discutere) _____ un po' con tutti. Prima delle undici (incontrare) _____ Brighella; gli (chiedere)

Note

_____ di salire a vedere il mio quadro ma lui non (volere) _____. Mi (dire) _____ di avere un appuntamento importante.

Brighella racconta:
Dopo la sera di carnevale (ricevere) _____ molte lettere da Colombina e Arlecchino. I due giovani mi (scrivere) _____ la loro opinione sulla morte del banchiere e così io (potere) _____ capire la verità: nessuno (uccidere) _____ Pantalone, la sua morte (essere) _____ un suicidio. Dopo il fallimento della sua banca, il mio amico non (avere) _____ la forza per continuare.

Completa con le preposizioni

Il direttore ha finito ____ leggere e ora guarda Altiero ____ curiosità:
- Perché mi hai chiesto ____ guardare questa lettera? ____ me le storie ____ amore non interessano.
- Ma direttore, Lei sa bene che Pantalone è stato un grande banchiere e che la sua banca è molto importante ____ Venezia.
- È vero, Altiero. Questa Colombina però non parla certo ____ banche e ____ affari.
- Ha ragione, ma ____ MONDO-NET ho trovato molte altre

lettere; e non tutte parlano ___ amore. Guardi questa, ___ esempio: dice cose molto interessanti ___ quella morte!

- Senti Altiero, ho molto ___ fare. Se tu pensi ___ conoscere la verità sulla morte ___ Pantalone, scrivi un articolo. Adesso, però, vai ___ lavorare ___ piacere...

___ Venezia comincia ___ piovere. Il direttore ___ *Il Gazzettino* prende il telefono ___ mano.

Altiero Ranelli capisce che ___ lui il tempo è finito. Si alza, saluta e torna ___ lavorare.

Completa con i pronomi

1 - Lettera di Arlecchino a Brighella.

Venezia, 20 aprile.

Egregio signor Brighella,

___ ho già scritto che Colombina ha ucciso sua sorella Rosetta e suo fratello Balanzone? Sono sicuro. Infatti un mesa fa ___ ho sentita parlare con suo padre. Ricordo benissimo che ___ ha detto di essere stanca di un fratello e di una sorella così stupidi. Poi, la settimana scorsa, Colombina ___ ha telefonato e mi ha chiesto di vedere il mio tagliacarte. Ora cosa devo pensare? Rosetta e Balanzone sono morti e l'assassino ___ ha uccisi con il mio tagliacarte! Pantalone dice che sono stato io, ma non è vero!

È sempre così quando uccidono qualcuno in quella casa, tutta Venezia ___ accusa. Ma perché? Non ___ capisco. Sono amico di Pantalone: ___ ho sempre venduto i miei quadri e ___ ho sempre aiutato negli affari. E poi, perché Colombina non dice mai la verità? Io ___ amo, ma per colpa sua devo sempre stare in questo posto lontano da tutti.

Lei, ___ può aiutare?

Cordialmente,
Arlecchino

2 - Arlecchino e Brighella sono alla festa di carnevale e stanno parlando di Pantalone.

     B. - Allora, Arlecchino: ___ ha visto?

     A. - Di chi parla, Brighella? Non ___ capisco.

     B. - Sto parlando del vecchio, naturalmente!

     A. - Ah, di Pantalone. No, non ___ ho visto. E Lei?

     B. - Io sì, e ___ ho detto tutto.

     A.- Cosa? Anche che la voglio?

     B. - Certo, sono sicuro che ___ aiuterà. Pantalone è sempre gentile con Lei.

     A. - Ma io non ___ voglio più. Ho cambiato idea.

     B. - E perché?

In quel momento arriva Colombina:

     C. - Buonasera. ___ piace la festa?

     B. - Sì, ___ piace molto, però ___ devo dire una cosa importante.

C. - Cosa?

B. - Arlecchino non ___ vuole più **sposare**. Ha cambiato idea.

C. - Arlecchino, bastardo! Allora non ___ vuoi più?

A.- Ma cosa dici? Io ___ amo!

C. - Non è vero, Brighella ___ ha detto tutto.

A. - Brighella, ha perso la testa? Io non ho mai detto che non ___ voglio più.

B. - Certo: ___ ha detto, un minuto fa, quando abbiamo parlato di Pantalone...

A.- Ma noi abbiamo parlato solo della macchina nuova! Brighella, come al solito Lei non ha capito niente. Vieni Colombina, andiamo a ballare. Questa festa ___ piace molto e, se non uccidono nessuno, presto ___ sposerò!

---

sposare: prendere un marito o una moglie. Es.: *Mario vuole sposare una donna bella, ricca, sensibile, simpatica e intelligente.*

Note

Completa con le seguenti parole:

abbracciare, prometto, risolvere, ti salta in mente, sono da te, bussa, ubriaco, salvare, si è suicidata, coraggio, colpevole, palpitare.

È quasi mezzogiorno. Luca è a casa sua e sta bevendo un bicchiere. Suona il telefono:
- Pronto? Sono Giovanna.
- Ciao, Giovanna. Come stai?
- Bene, e tu?
- Anch'io. - dice Luca con voce ironica - Sono quasi
_____.
- A quest'ora? Cosa ti succede?
- Ho un grosso problema...
- Cosa vuoi dire?
- Puoi aspettare un momento? Prendo una sigaretta e
_____.

Dopo pochi secondi:
- Allora Giovanna, ti spiego tutto: da due mesi non pago il signor Ruzzo, il mio padrone di casa. E da due mesi non ho il _____ di parlare con lui, mi sento _____.
- Ti capisco. Ma perché non paghi?
- Perché non ho soldi.
- E allora?
- E allora stamattina qualcuno _____ alla porta, io

apro e chi vedo?

- Ruzzo!

- Esatto. E ha una faccia terribile, è davvero arrabbiato. Il mio cuore comincia a _____, cerco di chiudere la porta ma lui la ferma con un braccio. Capisco che se mi voglio _____ devo fare qualcosa. Inizio a piangere e ad _____ Ruzzo.

- E lui?

- Niente, non mi lascia e mi dice che vuole i suoi soldi. Io continuo a piangere, gli dico che sto passando un momento difficile, che mia zia _____, che la mia ragazza mi ha lasciato, che il mio gatto è morto...

- E lui?

- Niente: ripete che vuole i suoi soldi. Io _____ che gli darò tutto domani.

- Capisco, ma tu li hai i soldi?

- No. Comunque adesso Ruzzo è andato via e ho 24 ore di tempo per _____ il problema.

- Hai qualche idea?

- Ma, non so... Forse! Ho pensato di venire da te. Solo per qualche giorno, naturalmente...

- Cosa _____? Sei diventato pazzo? Venire a casa mia, con mio padre e mia madre...

- Ho capito, ho capito. Non è proprio una buona giornata: non ho una lira, il frigorifero è vuoto, sono senza lavoro e l'unica cosa che mi resta è questa bottiglia di Martini.

PER LA DISCUSSIONE IN CLASSE

1) Nel tuo Paese esiste un teatro popolare? Quali sono i personaggi più conosciuti?

2) Cosa succede a carnevale nel tuo Paese?

3) Racconta la tua ultima festa.

4) Cosa pensi delle reti telematiche come Internet?

5) Quali giornali leggi? Sono giornali locali o nazionali? Cosa pensi dei giornali quotidiani?

Vero o falso - SOLUZIONI

CAP I: 1) f;   2) v;   3) f;   4) v;   5) f;   6) v
CAP II: 1) f;   2) f;   3) v;   4) v;   5) f ;   6) f
CAP III: 1) f;   2) v;   3) v;   4) f;   5) v;   6) f
CAP IV: 1) f;   2) v;   3) f;   4) v;   5) f
CAP V: 1) f;   2) v;   3) v;   4) v
CAP VI: 1) v;   2) v;   3) f;   4) f
Epilogo: 1) f;   2) v;   3) f;   4) v

Esercizi - SOLUZIONI

Passato prossimo

Colombina racconta.

ho ballato; è finita; ha chiamato/a; è morto; ha detto; sono andata; ho trovato; ho pensato; hanno cominciato; è diventata; ho seguito; sono arrivata; ho visto.

Arlecchino racconta.

siamo entrati; Abbiamo parlato; è tornato; sono sceso; Ho bevuto; ho letto; ho discusso; ho incontrato; ho chiesto; ha voluto; ha detto.

Brighella racconta.

ho ricevuto; hanno scritto; ho potuto; ha ucciso; è stata; ha avuto.

Preposizioni

di leggere; **con** curiosità; **di** guardare; **A** me; **d'**amore; **a** Venezia; **di** banche; **d'**affari; **su** MONDO-NET; **d'**amore; **per (ad)** esempio; **su** quella; **da** fare; **di** conoscere; **di** Pantalone; **a** lavorare; **per** piacere; **Su** Venezia; **a** piovere; **de** *Il Gazzettino*; **in** mano; **per** lui; **a** lavorare.

Pronomi personali

1 - Le; l'; gli; mi; li; mi; lo; gli; l'; l'; mi.
2 - l'; La; l'; gli; L'; la; vi; ci; ti; ti; mi; ti; mi; la; l'; mi; ti.

Parole

ubriaco, sono da te, coraggio, colpevole, bussa, palpitare, salvare, abbracciare, si è suicidata, prometto, risolvere, ti salta in mente.

Indice

Finito di stampare nel mese di Aprile 1997
presso «la Cittadina» - azienda grafica
GIANICO (BS)
per conto della Alma Edizioni - Firenze